Gracias Lupo y a Nano, hermanos de cuatro patas.

Índice

Tener un perro en casa

Tener un perro en casa puede ser una experiencia muy gratificante, ya que los perros son animales leales y cariñosos que pueden hacerte sentir más feliz y saludable. Sin embargo, es importante tener en cuenta que tener un perro también conlleva ciertas responsabilidades y gastos.

A continuación se detallan algunos aspectos a tener en cuenta si decides tener un perro en casa:

- Elige un perro adecuado a tu estilo de vida: es importante elegir un perro que se adapte bien a tu estilo de vida y a tus capacidades. Si eres una persona muy activa, puede que te guste un perro de alta actividad, como el pastor alemán o el border collie. Si, por el contrario, prefieres un estilo de vida más tranquilo, puede que te guste más un perro de baja actividad, como el bichón maltés o el shih tzu.
- Ten en cuenta los gastos: tener un perro en casa conlleva ciertos gastos, como la comida, las vacunas, los desparasitantes y los gastos veterinarios. Es importante hacer un presupuesto y asegurarse de que se pueden afrontar estos gastos antes de adoptar a un perro.
- Dedica tiempo a tu perro: los perros necesitan tiempo y atención de sus dueños para mantenerse felices y saludables. Es importante dedicar tiempo a jugar con tu perro, caminar

con él y hacerle compañía. Si no tienes tiempo suficiente para dedicarle a tu perro, puede que sea mejor no adoptarlo.

- Respeta las normas y leyes locales: es importante conocer y respetar las normas y leyes locales sobre la tenencia de perros, como el registro de perros, el uso de correa y el recogido de excrementos. Tener un perro en casa conlleva ciertas responsabilidades y es importante cumplirlas para evitar problemas con las autoridades locales.

En resumen, tener un perro en casa puede ser una experiencia muy gratificante, pero también conlleva ciertas responsabilidades y gastos. Si decides tener un perro, asegúrate de elegir un perro adecuado a tu estilo de vida, de tener en cuenta los gastos y de dedicarle el tiempo y atención que necesita. Además, es importante respetar las normas y leyes locales sobre la tenencia de perros.

Ventajas y desventajas de los perros como mascotas

Las ventajas de tener un perro incluyen:

- Proporcionan compañía y afecto
- Son leales y protectores
- Ayudan a mantenerse activo y en forma
- Pueden ser entrenados para realizar diferentes tareas
- Son excelentes animales de terapia.

Las desventajas de tener un perro incluyen:

- Requieren un compromiso de tiempo y atención
- Pueden ser costosos en términos de comida y cuidados
- Pueden causar daños en la casa si no se les entrena adecuadamente
- Pueden ser propensos a enfermedades y lesiones
- Necesitan paseos y actividad regular.

¿Cuáles son las mejores razas de perro para tener en casa, y sus características?

1. Labrador Retriever: son perros inteligentes, amigables y juguetones, ideales para familias con niños.
2. Golden Retriever: son perros dóciles y amigables, muy leales y protectoras con su familia.
3. Cocker Spaniel: son perros afectuosos y cariñosos, muy juguetones y energéticos.
4. Bulldog Francés: son perros tranquilos y equilibrados, ideales para vivir en espacios reducidos y con poco ejercicio.
5. Pastor Alemán: son perros inteligentes y obedientes, muy leales y protectoras con su familia.
6. Beagle: son perros alegres y divertidos, muy activos y juguetones, ideales para familias con niños.
7. Pastor Belga: son perros inteligentes y obedientes, muy leales y protectoras con su familia.
8. Cocker Spaniel Americano: son perros amigables y afectuosos, muy juguetones y energéticos.
9. Poodle: son perros inteligentes y obedientes, muy leales y protectoras con su familia.

10. Caniche Miniatura: son perros tranquilos y equilibrados, ideales para vivir en espacios reducidos y con poco ejercicio.

Tamaños de perro

Los tamaños de perro pueden variar ampliamente, desde perros pequeños como el chihuahua hasta perros gigantes como el gran danés. Los perros se clasifican en tamaños según su peso y altura, y algunas de las categorías más comunes incluyen:

- Perros pequeños: son perros que pesan menos de 10 kg y miden menos de 30 cm de altura. Algunos ejemplos de perros pequeños incluyen el chihuahua, el bichón maltés y el west highland white terrier.
- Perros medianos: son perros que pesan entre 10 y 25 kg y miden entre 30 y 50 cm de altura. Algunos ejemplos de perros medianos incluyen el beagle, el labrador retriever y el pastor alemán.
- Perros grandes: son perros que pesan entre 25 y 45 kg y miden entre 50 y 70 cm de altura. Algunos ejemplos de perros grandes incluyen el doberman, el rottweiler y el schnauzer gigante.
- Perros gigantes: son perros que pesan más de 45 kg y miden más de 70 cm de altura. Algunos ejemplos de perros gigantes incluyen el gran danés, el san bernardo y el leonberger.

En general, es importante recordar que el tamaño de un perro no determina su personalidad o comportamiento, y que todos los perros, independientemente de su tamaño, necesitan educación y socialización adecuadas para ser perros felices y saludables.

Nivel de actividad perruna

Los perros tienen diferentes niveles de actividad según su raza y su personalidad. Algunos perros necesitan mucho ejercicio y actividad física para mantenerse felices y saludables, mientras que otros son más tranquilos y disfrutan de un estilo de vida más relajado.

A continuación se detallan algunos ejemplos de perros con diferentes niveles de actividad:

- Perros de alta actividad: estos perros necesitan mucho ejercicio y actividad física para mantenerse felices y saludables. Ejemplos de perros de alta actividad incluyen razas como el pastor alemán, el golden retriever y el border collie.
- Perros de actividad moderada: estos perros necesitan una cantidad moderada de ejercicio y actividad física para mantenerse felices y saludables. Ejemplos de perros de actividad moderada incluyen razas como el beagle, el labrador retriever y el bulldog inglés.
- Perros de baja actividad: estos perros necesitan poco ejercicio y actividad física para mantenerse felices y saludables. Ejemplos de perros de baja actividad incluyen razas como el bichón maltés, el caniche toy y el shih tzu.

Es importante elegir un perro con un nivel de actividad adecuado a tu estilo de vida y a tus capacidades. Si eliges un perro de alta actividad pero no tienes tiempo para llevarlo a caminar y jugar con él regularmente, puede que se aburra y se convierta en un perro problemático. Por otro lado, si eliges un perro de baja actividad pero eres una persona muy activa, puede que se sienta infeliz y desanimado.

¿Conviene esterilizar al perro?

Esterilizar al perro puede ser una decisión muy importante para su salud y su bienestar. La esterilización es una cirugía que se realiza para eliminar los órganos reproductores de un perro, lo que evita que pueda reproducirse y tenga cachorros.

Hay diferentes razones por las que conviene esterilizar al perro, como:

- Evita la reproducción no deseada: la esterilización evita que el perro pueda reproducirse y tenga cachorros. Esto puede ser muy importante si no deseas tener más perros en casa o si no puedes encontrar hogares para todos los cachorros.
- Reduce el riesgo de enfermedades: la esterilización puede ayudar a reducir el riesgo de ciertas enfermedades en los perros, como el cáncer de mama o de ovarios, la prostatitis o la piometra. Además, los perros esterilizados viven más tiempo en promedio que los perros no esterilizados.
- Mejora el comportamiento: la esterilización también puede ayudar a mejorar el comportamiento del perro. Los perros esterilizados suelen ser menos agresivos y tienen menos probabilidades de escaparse de casa en busca de pareja.
- Contribuye a la salud pública: esterilizar al perro también puede contribuir a la salud pública, ya que ayuda a reducir el

número de perros callejeros y a prevenir enfermedades infecciosas que pueden transmitirse a otros perros y a las personas.

En resumen, esterilizar al perro puede ser una decisión muy conveniente para su salud y su bienestar. Además, puede ayudar a reducir el riesgo de enfermedades, mejorar su comportamiento y contribuir a la salud pública. Si tienes dudas sobre si esterilizar o no a tu perro, es recomendable hablar con un veterinario para que te asesore.

¿Cuáles son los mejores perros para tener en un piso?

Los mejores perros para tener en un piso son aquellos que se adaptan bien a espacios pequeños y que no necesitan mucho ejercicio. Algunas razas comunes que se consideran adecuadas para vivir en un piso incluyen:

- Bichón Maltés: son perros pequeños y tranquilos que se adaptan bien a espacios pequeños
- Caniche Toy: son inteligentes y fáciles de entrenar, y se adaptan bien a espacios pequeños
- Bulldog Francés: son pacientes y tranquilos, y no necesitan mucho ejercicio
- Shih Tzu: son perros pequeños y tranquilos que se adaptan bien a espacios pequeños
- Pomerania: son perros pequeños y activos que se adaptan bien a espacios pequeños.

Sin embargo, es importante tener en cuenta que cada perro es único y puede tener un comportamiento diferente, independientemente de su raza. Es importante investigar cuidadosamente y elegir un perro que se ajuste a las necesidades de tu familia y que sea adecuado para vivir en un piso.

¿Cuáles son los mejores perros para tener con niños?

Los mejores perros para tener con niños son aquellos que son pacientes, amigables y fáciles de entrenar. Algunas razas comunes que se consideran buenas para tener con niños incluyen:

- Labradores Retriever: son conocidos por su paciencia y amigabilidad
- Golden Retriever: son amigables y fáciles de entrenar
- Bulldog Francés: son pacientes y amigables
- Caniche Toy: son inteligentes y fáciles de entrenar
- Bichón Maltés: son cariñosos y amigables.

Sin embargo, una vez más, es importante tener en cuenta que cada perro es único y puede tener un comportamiento diferente, independientemente de su raza. Es importante investigar cuidadosamente y elegir un perro que se ajuste a las necesidades de tu familia y que sea adecuado para tener con niños.

¿Es obligatorio ponerle chip?

En España, ponerle chip a un perro es obligatorio desde el 1 de enero de 2016. El chip es un pequeño dispositivo que se inserta debajo de la piel del perro y que contiene información sobre su identidad y sus dueños.

El chip es obligatorio para todos los perros mayores de tres meses de edad, ya sean perros de raza o mestizos. El chip es una forma segura y confiable de identificar al perro en caso de pérdida o robo, lo que facilita su recuperación y protege a sus dueños de posibles sanciones.

El chip se inserta en una consulta veterinaria y no es doloroso para el perro. Además, el costo del chip suele ser muy bajo y se puede financiar con ayudas y subvenciones gubernamentales.

En resumen, ponerle chip a un perro es obligatorio en España desde el 1 de enero de 2016. El chip es una forma segura y confiable de identificar al perro en caso de pérdida o robo, lo que facilita su recuperación y protege a sus dueños. Si tienes un perro en casa, asegúrate de que tenga chip y de mantenerlo actualizado con la información de sus dueños.

¿Qué perro debo elegir según el tiempo que paso en casa?

El perro ideal para ti dependerá del tiempo que pases en casa y de tus necesidades y preferencias. Si pasas la mayor parte del tiempo en casa, puedes optar por un perro que se adapte bien a vivir en espacios reducidos y que no requiera mucho ejercicio. Algunas razas que se adaptan bien a vivir en un piso incluyen:

- Caniche Toy: son perros pequeños y elegantes que se adaptan bien a vivir en un piso.
- Bichón Maltés: son perros pequeños y cariñosos que no necesitan mucho ejercicio.
- Bulldog Francés: son perros tranquilos y pacientes que se adaptan bien a vivir en un piso.
- Greyhound: son perros grandes pero tranquilos que se adaptan bien a vivir en un piso.
- Basset Hound: son perros tranquilos y amigables que no necesitan mucho ejercicio.

Si pasas poco tiempo en casa pero te gusta hacer ejercicio y salir a caminar o correr con tu perro, puedes optar por un perro que sea activo y que disfrute de hacer ejercicio. Algunas razas que se adaptan bien a un estilo de vida activo incluyen:

- Labrador Retriever: son perros grandes y amigables que disfrutan de hacer ejercicio.
- Golden Retriever: son perros grandes y amigables que disfrutan de hacer ejercicio.
- Border Collie: son perros inteligentes y activos que disfrutan de hacer ejercicio.
- Pastor Alemán: son perros grandes y leales que disfrutan de hacer ejercicio.
- Weimaraner: son perros grandes y activos que disfrutan de hacer ejercicio.

¿Existen razas de perros peligrosas?

No hay razas de perros que sean "peligrosas" por sí mismas. Todos los perros, independientemente de su raza, pueden ser amables y cariñosos si se les educa y socializa adecuadamente. Sin embargo, algunas razas de perros pueden ser más propensas a mostrar comportamientos agresivos o dominantes si no se les entrena y socializa adecuadamente.

Algunas razas de perros que pueden ser más propensas a mostrar comportamientos agresivos o dominantes incluyen los perros de trabajo, como los dobermans, los pastores alemanes y los rottweilers, y los perros de pelea, como los pitbulls y los american staffordshire terriers. Sin embargo, esto no significa que estas razas sean "peligrosas" por sí mismas, sino que requieren una educación y socialización adecuadas para evitar comportamientos indeseables.

En general, es importante recordar que todos los perros, independientemente de su raza, necesitan una educación y socialización adecuadas para ser perros felices y saludables.

¿Cuánto tiempo hay que dedicarle a un perro?

El tiempo que hay que dedicar a un perro dependerá de su edad, tamaño, raza y estilo de vida. En general, se recomienda dedicar al menos una hora al día a jugar y hacer ejercicio con tu perro, además de darle de comer y atender sus necesidades higiénicas.

Si tu perro es joven o de una raza activa, es posible que necesite más tiempo de ejercicio y actividad física para mantenerse saludable y feliz. En este caso, puedes dedicar varias horas al día a jugar y hacer ejercicio con tu perro, además de llevarlo a caminar o correr con frecuencia.

Si tu perro es mayor o de una raza tranquila, es posible que necesite menos tiempo de ejercicio y actividad física. En este caso, puedes dedicar una hora al día a jugar y hacer ejercicio con tu perro, además de llevarlo a caminar o correr de forma regular.

En general, es importante dedicar el tiempo suficiente a tu perro para mantenerlo saludable y feliz, y asegurarte de que recibe la atención y el cuidado que necesita.

¿Perro de raza o mestizo?

La elección entre un perro de raza o mestizo dependerá de tus preferencias personales y de las necesidades de tu familia. En general, no hay una respuesta correcta o incorrecta, y cualquier perro puede ser un compañero leal y amoroso.

Algunas de las diferencias más comunes entre los perros de raza y mestizos incluyen:

- Tamaño: en general, los perros de raza suelen tener un tamaño y peso predeterminados, y pueden ser más grandes o más pequeños que los mestizos. Sin embargo, esto variará dependiendo de la raza y del tamaño de los padres.
- Comportamiento: los perros de raza y mestizos pueden tener diferencias en su comportamiento, aunque esto también variará dependiendo de la raza y del entrenamiento. Los perros de raza suelen tener un comportamiento más predecible y previsible, mientras que los mestizos pueden tener un comportamiento más variado y menos previsible.
- Salud: los perros de raza pueden tener un mayor riesgo de padecer ciertas enfermedades genéticas, ya que suelen tener una descendencia limitada y una mayor consanguinidad. Los mestizos, por otro lado, pueden tener una mayor resistencia genética y un menor riesgo de padecer ciertas enfermedades genéticas.

En general, es importante elegir un perro que se adapte a tus necesidades y a las de tu familia, y que se ajuste a tu estilo de vida y a tu entorno. Si tienes dudas sobre si escojer un perro de raza o mestizo, es importante consultar con un veterinario o un especialista en comportamiento canino para obtener consejos y recomendaciones.

¿Cómo es tener un labrador retriever?

Tener un Labrador Retriever es una experiencia maravillosa. Son perros inteligentes, amigables y juguetones, ideales para familias con niños. Son muy leales y protectoras con su familia, y siempre están dispuestos a jugar y divertirse. También son muy fáciles de entrenar y obedecen muy bien. Sin embargo, son perros muy energéticos y necesitan mucho ejercicio y actividad física para mantenerse sanos y felices. También pueden ser un poco destructivos si se aburren o tienen exceso de energía, por lo que es importante proporcionarles actividades y juguetes para mantenerlos entretenidos. En resumen, tener un Labrador Retriever es una gran responsabilidad, pero también una experiencia muy gratificante y divertida.

Las principales ventajas de tener un Labrador Retriever son:

1. Son perros amigables y afectuosos, ideales para familias con niños.
2. Son perros inteligentes y fáciles de entrenar, por lo que son ideales para hacer deportes y actividades caninas.
3. Son perros muy leales y protectoras con su familia, por lo que se convierten en excelentes compañeros de vida.
4. Son perros muy energéticos y necesitan mucho ejercicio, por lo que son ideales para personas activas y que les gusta hacer deporte.
5. Son perros que se adaptan bien a diferentes climas y entornos, por lo que son ideales para vivir tanto en la ciudad como en el campo.
6. Son perros que no suelen sufrir problemas de salud graves, por lo que su esperanza de vida es alta.
7. Son perros que se llevan bien con otros animales, por lo que son ideales para convivir con perros y gatos.

Los principales cuidados que necesita un Labrador Retriever son:

1. Alimentación adecuada: es importante proporcionarles una dieta equilibrada y completa, en función de su edad, tamaño y nivel de actividad física.
2. Ejercicio regular: como son perros muy energéticos, necesitan mucho ejercicio y actividad física para mantenerse sanos y felices.
3. Limpieza y cuidado del pelaje: es importante bañarles regularmente y cepillarles el pelaje para evitar enredos y problemas de salud.
4. Limpieza de oídos y dientes: es importante limpiarles los oídos y los dientes regularmente para prevenir infecciones y problemas de salud.
5. Visitas al veterinario: es importante llevarles al veterinario regularmente para hacerles revisiones y detectar posibles problemas de salud a tiempo.
6. Educación y entrenamiento: es importante educarlos y entrenarlos adecuadamente para que se conviertan en perros obedientes y bien educados.

En resumen, los Labrador Retriever necesitan una atención y cuidados adecuados para mantenerse sanos y felices. Es importante proporcionarles una alimentación equilibrada, ejercicio regular, limpieza y cuidado del pelaje, limpieza de oídos y dientes, visitas al veterinario y educación y entrenamiento adecuados.

Tener un bulldog inglés

Tener un bulldog inglés puede ser una buena idea, ya que son perros leales y cariñosos que se adaptan bien a la vida en familia. Sin embargo, también requieren ciertos cuidados y atenciones especiales para mantenerlos saludables y felices.

Si estás pensando en tener un bulldog, es importante tener en cuenta lo siguiente:

- Son perros de tamaño mediano: los bulldogs son perros de tamaño mediano que pesan entre 20 y 25 kg y miden entre 30 y 40 cm de altura. Esto significa que son perros fáciles de llevar a cualquier parte, pero también son más propensos a sufrir lesiones o enfermedades si no se les cuida adecuadamente.
- Necesitan un clima fresco: los bulldogs son perros que no toleran bien el calor, ya que tienen una musculatura pesada y una nariz achatada que les dificulta la respiración. Es importante mantenerlos en un lugar fresco y bien ventilado, y no exponerlos a temperaturas extremas.
- Son propensos a enfermedades: los bulldogs son propensos a ciertas enfermedades, como problemas de espalda, problemas oculares y problemas respiratorios. Es importante llevar a tu bulldog al veterinario regularmente para detectar cualquier problema de salud y tratarlo a tiempo.

- Necesitan una alimentación adecuada: los bulldogs tienen un metabolismo lento y necesitan una alimentación adecuada para mantenerse saludables. Es importante darles comida de alta calidad y ajustar su cantidad según su edad, tamaño y nivel de actividad.

Bulldog inglés o francés

Los bulldogs ingleses y franceses son dos razas de perros similares pero con algunas diferencias importantes. Ambas razas son perros leales y cariñosos, pero el bulldog inglés es más grande y musculoso, mientras que el bulldog francés es más pequeño y esbelto.

A continuación se detallan algunas de las principales diferencias entre el bulldog inglés y el francés:

- Tamaño: el bulldog inglés es un perro de tamaño mediano que pesa entre 20 y 25 kg y mide entre 30 y 40 cm de altura. En cambio, el bulldog francés es un perro de tamaño pequeño que pesa entre 10 y 15 kg y mide entre 25 y 35 cm de altura.
- Apariencia: el bulldog inglés tiene una apariencia más musculosa y robusta, con una cabeza grande y un cuerpo macizo. En cambio, el bulldog francés tiene una apariencia más esbelta y elegante, con una cabeza más pequeña y un cuerpo más estilizado.
- Necesidades de ejercicio: el bulldog inglés es un perro que necesita ejercicio regular, pero no demasiado intenso. Un par de paseos diarios son suficientes para mantenerlo saludable y feliz. En cambio, el bulldog francés es un perro que necesita más ejercicio y actividad física, ya que es más activo y juguetón.

- Temperamento: ambos bulldogs son perros leales y cariñosos, pero el bulldog inglés suele ser más tranquilo y relajado, mientras que el bulldog francés suele ser más juguetón y extrovertido.

En general, ambos bulldogs son excelentes mascotas si estás dispuesto a dedicarles el tiempo y los cuidados que necesitan. La elección entre uno u otro dependerá de tus preferencias personales y de tu estilo de vida.

¿Compro un caniche toy o un bichón maltés?

La decisión de comprar un caniche toy o un bichón maltés dependerá de tus preferencias y necesidades personales. Los caniches toy son una raza de perro pequeña, conocida por su inteligencia y facilidad de entrenamiento. Los bichones malteses también son perros pequeños, conocidos por su pelo largo y suave y su personalidad amigable. Si buscas un perro pequeño y elegante, un caniche toy puede ser la opción adecuada para ti. Si buscas un perro pequeño y cariñoso, un bichón maltés puede ser una buena elección. Es importante investigar cuidadosamente antes de comprar cualquier perro, y asegurarte de elegir una raza que se ajuste a tu estilo de vida y tus posibilidades de cuidado.

Tener un caniche toy

Tener un Caniche Toy es una experiencia maravillosa. Son perros tranquilos y equilibrados, ideales para vivir en espacios reducidos y con poco ejercicio. Son muy afectuosos y cariñosos, y siempre están dispuestos a recibir mimos y atenciones de su familia. También son perros muy inteligentes y fáciles de entrenar, por lo que son ideales para hacer deportes y actividades caninas. Sin embargo, como son perros pequeños y delicados, necesitan una atención y cuidados especiales para mantenerse sanos y felices. También pueden ser un poco miedosos y tímidos con extraños, por lo que es importante socializarlos desde cachorros. En resumen, tener un Caniche Toy es una gran responsabilidad, pero también una experiencia muy gratificante y divertida.

Tener un bichón maltés

Tener un bichón maltés puede ser una experiencia gratificante para aquellos que buscan una mascota leal y amigable. Los bichones malteses son conocidos por su personalidad afectuosa y su disposición para hacer amigos. Son también muy inteligentes y fáciles de entrenar, lo que los convierte en excelentes compañeros de terapia. Sin embargo, los bichones malteses también requieren cuidados específicos, como cepillado regular y una dieta adecuada para mantener su pelo largo y suave. Además, son propensos a enfermedades comunes en perros pequeños, como problemas dentales y problemas de la piel. A pesar de estos cuidados, tener un bichón maltés puede ser una experiencia muy satisfactoria para aquellos que estén dispuestos a darles el amor y la atención que necesitan.

Principales cuidados del caniche y el bichón maltés

Los caniches y los bichones malteses son dos razas de perros populares que comparten muchas similitudes en cuanto a sus cuidados. Ambas razas son pequeñas y cariñosas, y necesitan una atención especial para mantenerse saludables y felices.

A continuación se detallan algunos de los principales cuidados que necesitan los caniches y los bichones malteses:

- Baño y cepillado regular: ambas razas tienen pelo largo y denso que necesita ser bañado y cepillado regularmente para mantenerlo limpio y saludable. Es importante bañar a tu perro cada 2-3 semanas y cepillarlo diariamente para evitar enredos y enmarañamientos.
- Atención dental: los caniches y los bichones malteses tienen dientes pequeños y delicados que necesitan atención dental especial. Es importante cepillarles los dientes regularmente y llevarlos al veterinario para limpiarlos profesionalmente cada 6-12 meses.
- Alimentación adecuada: ambas razas tienen un metabolismo rápido y necesitan una alimentación adecuada para mantenerse saludables. Es importante darles comida de alta calidad y ajustar su cantidad según su edad, tamaño y nivel de actividad.

- Ejercicio regular: aunque son perros pequeños, los caniches y los bichones malteses necesitan ejercicio regular para mantenerse sanos y felices. Es importante llevarlos a pasear diariamente y ofrecerles juguetes y actividades que les permitan desgastar su energía y estimular su mente

Tener un chihuahua

Tener un chihuahua puede ser una experiencia muy gratificante, ya que son perros pequeños y cariñosos que se adaptan bien a la vida en casa. Sin embargo, también requieren ciertos cuidados y atenciones especiales para mantenerlos saludables y felices.

Si estás pensando en tener un chihuahua, es importante tener en cuenta lo siguiente:

- Son perros pequeños: los chihuahuas son perros pequeños que pesan menos de 10 kg y miden menos de 30 cm de altura. Esto significa que son perros fáciles de llevar a cualquier parte, pero también son más propensos a sufrir lesiones o enfermedades si no se les cuida adecuadamente.
- Necesitan atención especial: los chihuahuas son perros muy cariñosos y apegados a sus dueños, y necesitan mucha atención y cariño para mantenerse felices y saludables. Si pasas mucho tiempo fuera de casa o no puedes dedicarles el tiempo que necesitan, es posible que no sea el perro adecuado para ti.
- Son propensos a enfermedades: los chihuahuas son propensos a ciertas enfermedades, como problemas cardíacos, problemas oculares y problemas de espalda. Es importante llevar a tu chihuahua al veterinario regularmente para detectar cualquier problema de salud y tratarlo a tiempo.

- Necesitan una alimentación adecuada: los chihuahuas tienen un metabolismo muy rápido y necesitan una alimentación adecuada para mantenerse saludables. Es importante darles comida de alta calidad y ajustar su cantidad según su edad, tamaño y nivel de actividad. Se recomienda darles comida especial para perros pequeños y evitar darles alimentos humanos que puedan ser perjudiciales para su salud.
- Necesitan una capa adecuada: los chihuahuas tienen pelo corto y liso, por lo que necesitan una capa adecuada para mantenerse calientes en invierno y frescos en verano. Se recomienda comprarles un abrigo o una sudadera para el frío y evitar exponerlos a altas temperaturas durante mucho tiempo.

En general, tener un chihuahua puede ser una experiencia muy gratificante si estás dispuesto a dedicarle el tiempo y los cuidados que necesita.

Adoptar o comprar un perro

La decisión de adoptar o comprar un perro depende de las preferencias y circunstancias de cada persona. Adoptar un perro es una opción muy responsable y solidaria, ya que se ofrece una segunda oportunidad a un perro que ha sido abandonado o maltratado, y se contribuye a reducir el problema de la sobrepoblación de perros en los refugios. Además, adoptar un perro suele ser más económico que comprar uno. Por otro lado, comprar un perro es una opción que ofrece más garantías y control sobre la salud, el carácter y el origen del perro. Además, se puede elegir una raza específica y se puede contar con el apoyo y asesoramiento del criador o del vendedor. En resumen, la decisión de adoptar o comprar un perro dependerá de las preferencias y circunstancias de cada persona, y ambas opciones pueden ser responsables y solidarias si se hacen de forma consciente y responsable.

¿Escojo un perro macho o hembra?

La elección entre un perro macho o hembra dependerá de tus preferencias personales y de las necesidades de tu familia. En general, no hay una respuesta correcta o incorrecta, y cualquier perro puede ser un compañero leal y amoroso.

Algunas de las diferencias más comunes entre los perros machos y hembras incluyen:

- Tamaño: en general, los perros machos suelen ser más grandes y más pesados que las hembras. Sin embargo, esto variará dependiendo de la raza y del tamaño de los padres.
- Comportamiento: los perros machos y hembras pueden tener diferencias en su comportamiento, aunque esto también variará dependiendo de la raza y del entrenamiento. Los perros machos suelen ser más territoriales y protectoros, mientras que las hembras suelen ser más cariñosas y amables.
- Cuidado: los perros machos y hembras pueden requerir diferentes cuidados en diferentes etapas de su vida. Los perros machos pueden requerir una castración para evitar comportamientos territoriales o agresivos, mientras que las hembras pueden requerir cuidados especiales durante el celo y el parto.

En general, es importante elegir un perro que se adapte a tus necesidades y a las de tu familia, y que se ajuste a tu estilo de vida y a tu entorno. Si tienes dudas sobre si escojer un perro macho o hembra, es importante consultar con un veterinario o un especialista en comportamiento canino para obtener consejos y recomendaciones.

Quiero adoptar un perro, ¿cómo lo hago?

Si deseas adoptar un perro, puedes seguir los siguientes pasos:

1. Busca refugios o protectoras cerca de tu ubicación. Puedes buscar en internet o preguntar a las autoridades locales o a organizaciones animalistas.
2. Visita los refugios o protectoras y elige el perro que más se adapte a tus preferencias y circunstancias. Toma en cuenta su edad, tamaño, raza, carácter y necesidades especiales.
3. Llena el formulario de adopción y proporciona la información necesaria sobre tu hogar, tu familia y tus hábitos de vida.
4. Realiza el pago de la tasa de adopción y cualquier otro gasto que se requiera (desparasitación, vacunación, esterilización, etc.).
5. Recoge al perro y lleva a cabo el proceso de adaptación y socialización necesario para que se sienta cómodo y feliz en su nuevo hogar.

En resumen, adoptar un perro es un proceso sencillo y gratificante, siempre y cuando se haga de forma responsable y consciente. Es importante elegir el perro adecuado, proporcionarle un hogar adecuado y cuidarlo adecuadamente para que se convierta en un miembro feliz y saludable de la familia.

Presentar al perro a la familia

Es importante presentar a tu perro de forma gradual y cómoda a la familia para evitar que se sienta abrumado o asustado. Puedes seguir estos pasos para presentar a tu perro a la familia de forma adecuada:

1. Haz una introducción individual: antes de presentar a tu perro a toda la familia, es importante que lo hagas con cada miembro individualmente. Puedes comenzar con uno o dos miembros de la familia y dejar que tu perro los conozca a ellos y viceversa.

2. Haz una introducción en un lugar tranquilo: cuando presentes a tu perro a la familia, es importante hacerlo en un lugar tranquilo y cómodo, como en tu casa o en el jardín. Evita lugares concurridos o ruidosos que puedan estresar a tu perro.

3. Déjales interactuar: cuando tu perro conozca a cada miembro de la familia, déjales interactuar juntos de forma suave y amigable. Pueden jugar con juguetes, caminar juntos o simplemente sentarse y relajarse juntos.

4. Evita situaciones estresantes: durante la presentación de tu perro a la familia, es importante evitar situaciones que puedan estresar o asustar a tu perro. Por ejemplo, evita que

los niños lo acosen o lo molesten, y no permitas que lo toquen sin su consentimiento.

5. Sigue monitorizando la situación: después de la presentación de tu perro a la familia, es importante seguir monitorizando la situación para asegurarte de que todos se lleven bien. Si observas cualquier problema o conflicto, es importante intervenir de forma suave y amigable para resolverlo.

En general, es importante recordar que cada perro es diferente, y que la presentación de tu perro a la familia dependerá de su personalidad y necesidades individuales. Es importante ser paciente y comprensivo, y seguir las señales de tu perro para asegurarte de que se sienta cómodo y seguro en su nuevo entorno.

Primer día de un perro en casa

El primer día de un perro en casa puede ser un poco estresante para el perro y para la familia. Es importante tomar medidas para que el perro se sienta seguro y cómodo en su nuevo hogar. Algunas recomendaciones son:

1. Prepara un lugar cómodo y seguro para que el perro descanse y se refugie. Puede ser una cama, una caja o una jaula, siempre y cuando tenga suficiente espacio y no esté expuesta a corrientes de aire o ruidos molestos.

2. Proporciona al perro agua fresca y comida adecuada para su edad, tamaño y necesidades especiales. Evita darle alimentos nuevos o diferentes a los que estaba acostumbrado, ya que pueden causarle problemas de salud.

3. Haz que el perro explore su nuevo hogar de forma gradual y controlada. Muéstrale dónde están sus juguetes, su comida, su agua y sus áreas de descanso y baño.

4. Haz que el perro se familiarice con tu familia y con cualquier otro animal que viva en casa. Permítele olfatear y jugar con ellos de forma suave y controlada.

5. Establece un horario regular de comidas, paseos y actividades para el perro. Así se sentirá seguro y confiado en su nuevo hogar.

En resumen, el primer día de un perro en casa puede ser un poco estresante, pero con un poco de paciencia y cuidado, el perro se adaptará rápidamente a su nuevo hogar y se convertirá en un miembro feliz y saludable de la familia.

Adaptarse a tener un perro en casa

Adaptarse a tener un perro en casa puede ser un proceso gradual y diferente para cada persona y cada perro. Algunas recomendaciones para facilitar este proceso son:

1. Planifica y organiza tu tiempo y espacio para adaptarse a la presencia del perro. Considera tus horarios de trabajo, de actividades y de descanso, y asegúrate de contar con suficiente tiempo y espacio para el perro.

2. Establece normas y límites claros para el perro. Define qué áreas y objetos están permitidos y cuáles no, y haz que el perro los respete y los entienda.

3. Educa y entrena al perro de forma adecuada. Enseña al perro a obedecer comandos básicos y a comportarse de forma adecuada en diferentes situaciones.

4. Proporciona al perro una alimentación adecuada y una actividad física regular. Evita darle alimentos nuevos o diferentes a los que estaba acostumbrado, ya que pueden causarle problemas de salud.

5. Acepta y respeta las diferencias y peculiaridades del perro. No esperes que el perro se comporte exactamente como lo hacía antes, o como lo hacen otros perros. Aprende a conocer

y a querer al perro por lo que es, no por lo que quieres que sea.

En resumen, adaptarse a tener un perro en casa puede ser un proceso desafiante pero gratificante. Con un poco de planificación, organización, educación y paciencia, la familia y el perro pueden convivir de forma armoniosa y feliz.

¿Quién debe cuidar del perro en casa?

En general, la responsabilidad de cuidar del perro en casa recae en todos los miembros de la familia. Cada persona puede contribuir de forma diferente y en función de sus habilidades y disponibilidad. Algunas tareas que pueden realizar los miembros de la familia son:

1. Alimentar al perro: uno o más miembros de la familia pueden encargarse de preparar la comida del perro y de dársela en los horarios establecidos.
2. Paseo y ejercicio: uno o más miembros de la familia pueden encargarse de llevar al perro a dar paseos y de realizar actividades físicas con él.
3. Limpieza y cuidado del pelaje: uno o más miembros de la familia pueden encargarse de bañar al perro y de cepillarle el pelaje para evitar enredos y problemas de salud.
4. Limpieza de oídos y dientes: uno o más miembros de la familia pueden encargarse de limpiarle los oídos y los dientes al perro para prevenir infecciones y problemas de salud.
5. Visitas al veterinario: uno o más miembros de la familia pueden encargarse de llevar al perro al veterinario para hacerle revisiones y detectar posibles problemas de salud a tiempo.

En resumen, la responsabilidad de cuidar del perro en casa recae en todos los miembros de la familia. Cada persona puede contribuir de forma diferente y en función de sus habilidades y disponibilidad. Es importante establecer una rutina y un reparto de tareas claros y justos para cuidar adecuadamente del perro.

¿Cómo hago que mis hijos colaboren en el cuidado del perro?

Para que tus hijos colaboren en el cuidado del perro, puedes seguir los siguientes pasos:

1. Involúcralos en el proceso de adopción o compra del perro. Permíteles elegir el perro que más les guste y explícales las responsabilidades y compromisos que implica tener un perro en casa.
2. Establece una rutina clara y justa para el cuidado del perro. Define las tareas que cada hijo deberá realizar (alimentación, paseo, limpieza, entrenamiento, etc.), y establece un horario para realizarlas.
3. Asigna tareas acordes a la edad y habilidades de cada hijo. Los más pequeños pueden ayudar a llenar el comedero y el bebedero del perro, mientras que los mayores pueden encargarse de llevar al perro a dar paseos y de entrenarlo.
4. Supervisa y guía a tus hijos en el desempeño de sus tareas. Enséñales a hacer las tareas de forma adecuada y segura, y corrígeles si cometen errores.
5. Establece recompensas y castigos claros y justos. Define qué recompensas y castigos se aplicarán a tus hijos en función de su cumplimiento o incumplimiento de las tareas y

responsabilidades del perro, y haz que sepan que estos serán aplicados de forma consistente y equitativa.

6. Haz que tus hijos aprendan sobre el perro y su cuidado. Proporciona a tus hijos información y recursos para que aprendan sobre el perro y su cuidado, y haz que practiquen las tareas y responsabilidades de forma segura y adecuada.

¿Debo gastar mucho dinero en cuidar a un perro?

No es necesario gastar una gran cantidad de dinero en cuidar a un perro. Hay muchas formas de asegurarse de que su perro esté feliz y saludable sin gastar demasiado dinero. Por ejemplo, puede comprar comida y juguetes de buena calidad a precios razonables, llevar a su perro a caminar regularmente para mantenerlo activo y saludable y llevarlo al veterinario para chequeos y vacunas básicas. También puede considerar la adopción en lugar de comprar un cachorro de un criador, lo que puede ahorrarle dinero a largo plazo. En general, cuidar a un perro puede ser una inversión a largo plazo, pero no tiene que ser costoso si se hace de manera sensata.

¿Qué gastos acarrea un perro?

Los gastos acarreados por un perro incluyen:

- Comida
- Vacunas
- Desparasitación
- Atención veterinaria
- Entrenamiento
- Juguetes y accesorios
- Paseos y cuidado diario
- Servicios de guardería o paseo de perros
- Seguro de salud para mascotas
- Gastos de emergencia o cirugía si es necesario.

¿Cuánto cuesta mantener a un perro?

El costo de mantener a un perro puede variar según la raza, el tamaño y las necesidades del perro en cuestión. Los costos básicos incluyen comida, vacunas y atención veterinaria. Además, pueden surgir costos adicionales como juguetes, entrenamiento y servicios de guardería. Pueden variar en una estimación conservadora desde alrededor de 100 euros al año para un perro pequeño hasta alrededor de 250 euros al año para un perro grande. Los gastos adicionales, como atención veterinaria y entrenamiento, pueden aumentar el costo total. En general, se espera que el costo anual de mantener a un perro sea de alrededor de 500-1000 euros. Sin embargo, es importante tener en cuenta que esto es solo una estimación y que los costos reales pueden variar.

¿Qué comida debo dar a mi perro?

La comida que debes dar a tu perro dependerá de su edad, tamaño, raza, actividad física y estado de salud. Es importante elegir una comida de alta calidad que proporcione todos los nutrientes necesarios para mantener a tu perro saludable y en forma.

La mayoría de los perros se benefician de una dieta balanceada que incluya proteínas, carbohidratos, grasas, vitaminas y minerales. Las mejores fuentes de proteínas para los perros incluyen carnes como pollo, ternera, pescado o cordero, y las mejores fuentes de carbohidratos incluyen cereales como arroz, cebada o avena. Las mejores fuentes de grasas para los perros incluyen aceite de pescado o aceite de coco, y las mejores fuentes de vitaminas y minerales incluyen verduras y frutas frescas.

Si no estás seguro de qué comida es adecuada para tu perro, es importante consultar con tu veterinario o un especialista en nutrición canina. Él o ellos pueden ayudarte a elegir la comida más adecuada para las necesidades de tu perro, y te darán consejos sobre cómo alimentar a tu perro de manera adecuada y saludable.

¿Es malo dar comida humana a los perros?

No es recomendable dar comida humana a los perros con frecuencia, ya que la mayoría de los alimentos humanos no están diseñados para satisfacer las necesidades nutricionales de un perro. Además, muchos alimentos humanos pueden ser perjudiciales para los perros, y pueden causar problemas de salud como sobrepeso, obesidad, envenenamiento o problemas digestivos.

Si quieres dar una pequeña cantidad de comida humana a tu perro de vez en cuando como recompensa, es importante elegir alimentos que sean seguros y adecuados para los perros. Algunos alimentos humanos que se pueden dar a los perros en pequeñas cantidades incluyen:

- Carne cocida: puedes dar a tu perro pequeñas cantidades de carne cocida como pollo, ternera o pescado, siempre que esté bien cocida y sin especias ni aditivos.
- Verduras: puedes dar a tu perro pequeñas cantidades de verduras como zanahorias, espinacas o brócoli, siempre que estén bien cocidas y sin aditivos.
- Frutas: puedes dar a tu perro pequeñas cantidades de frutas como manzanas, fresas o peras, siempre que estén bien peladas y sin semillas ni cáscaras.

Es importante tener en cuenta que no todos los alimentos humanos son seguros o adecuados para los perros, y que algunos alimentos pueden causar problemas de salud graves.

¿Qué vacunas necesita un perro en España?

En España, se recomienda vacunar a los perros contra enfermedades como la rabia, la parvovirus, la leptospirosis, la hepatitis y la tos de las perreras. Además, también se recomienda vacunar contra la leishmaniosis en zonas donde esta enfermedad es común. Los dueños deberán consultar con su veterinario para determinar qué vacunas son necesarias para su perro en particular.

En España, las vacunas obligatorias para perros son la de la rabia y la de la leptospirosis. Además, se recomienda vacunar contra enfermedades como la parvovirus, la moquillo, la hepatitis, la parainfluenza y la tos de las perreras. Es importante consultar con el veterinario sobre las vacunas necesarias para el perro y seguir el calendario de vacunación recomendado.

Consejos para pasear al perro

Para pasear un perro de manera segura y efectiva, es importante seguir estos pasos:

1. Asegúrate de que tu perro tenga un collar y una correa adecuados. Asegúrate de que el collar esté ajustado de manera que no se pueda deslizar sobre la cabeza del perro, pero que también no sea demasiado apretado.
2. Sal con tu perro en momentos en que hay poco tráfico y poca gente en las calles, especialmente si tu perro es joven o no está acostumbrado a los paseos.
3. Mantén a tu perro a tu lado y en control en todo momento. Si tu perro tiene tendencia a tirar de la correa, puedes usar un arnés especial que ayude a controlar el movimiento del perro.
4. Haz que tu perro haga sus necesidades en un lugar adecuado. Lleva bolsas de plástico contigo para recoger las heces de tu perro y mantener las calles limpias.
5. Haz que tu perro beba agua regularmente, especialmente en días calurosos. Lleva un recipiente de agua contigo para asegurarte de que tu perro siempre tenga acceso a agua fresca.

6. Disfruta del paseo con tu perro y permite que él también explore y haga ejercicio. Recuerda recompensarlo con cariño y palabras de aliento durante el paseo.

¿Es mejor collar o arnés para mi perro?

El collar o el arnés adecuado para tu perro dependerá de sus necesidades y preferencias. Los collares se usan comúnmente para enseñar al perro a caminar con correa y a obedecer órdenes básicas, mientras que los arneses se utilizan principalmente para brindar un soporte extra al perro y para evitar que tire de la correa.

Si tu perro es joven o no está acostumbrado a los paseos, un collar con correa incorporada puede ser una buena opción para enseñarle a caminar con correa y a obedecer órdenes básicas. Si tu perro tiene tendencia a tirar de la correa, un arnés puede ser una buena opción para brindarle un soporte extra y evitar que tire de la correa.

En general, es importante elegir un collar o un arnés que se ajuste bien al tamaño y forma del perro y que sea cómodo para él. También es importante recordar que el collar o el arnés no deben usarse como castigo o forma de reprimenda, sino como una herramienta de entrenamiento que ayude a guiar y educar al perro de manera positiva.

Qué correa usar para mi perro

La correa adecuada para tu perro dependerá de su tamaño, edad y estilo de vida. Las correas más comunes incluyen:

- Correas de tela: son ligeras y cómodas, y se ajustan bien a perros de todos los tamaños.
- Correas de cuero: son duraderas y resistentes, y se ajustan bien a perros grandes o activos.
- Correas de nylon: son resistentes al agua y fáciles de limpiar, y se ajustan bien a perros grandes o que tienden a mojarse.
- Correas de cuerda: son resistentes y se ajustan bien a perros grandes o que tienden a tirar de la correa.

Es importante elegir una correa que sea cómoda para tu perro y que te permita tener control sobre él en todo momento. Si tienes dudas, consulta a tu veterinario o a un entrenador profesional para obtener consejos sobre la correa adecuada para tu perro.

Consejos a la hora de elegir collar para un perro

Al elegir un collar para tu perro, es importante tener en cuenta las siguientes consideraciones:

- Tamaño: asegúrate de elegir un collar que se ajuste bien al tamaño y forma del cuello de tu perro. Un collar demasiado grande o demasiado pequeño puede resultar incómodo o peligroso para tu perro.
- Calidad: elige un collar que sea duradero y resistente. Un collar de baja calidad puede romperse o desgastarse fácilmente, lo que puede resultar peligroso para tu perro.
- Tipo: elige un collar que se adapte a las necesidades y preferencias de tu perro. Por ejemplo, si tu perro es joven o no está acostumbrado a los paseos, puedes optar por un collar con correa incorporada. Si tu perro tiene tendencia a tirar de la correa, puedes optar por un collar con arnés incorporado.
- Estilo: elige un collar que sea atractivo y que se adapte al estilo de tu perro. Los collares vienen en una amplia gama de colores y diseños, así que elige uno que te guste y que refleje la personalidad de tu perro.

El collar del perro es una herramienta de entrenamiento que se usa para enseñar al perro a caminar con correa y a obedecer órdenes básicas. Los collares se utilizan desde hace mucho tiempo como una forma de controlar y guiar a los perros, y existen diferentes tipos de collares según las necesidades y preferencias del perro y del dueño.

Al elegir un collar, es importante considerar el tamaño, la calidad, el tipo y el estilo del collar. También es importante recordar que el collar no debe usarse como castigo o forma de reprimenda, sino como una herramienta de entrenamiento que ayude a guiar y educar al perro de manera positiva.

¿A todos los perros les gusta el agua?

No todos los perros disfrutan del agua, y algunos perros pueden tener miedo o rechazo al agua. La afinidad de un perro por el agua dependerá de su raza, edad, experiencias previas y personalidad.

Algunas razas de perro que suelen disfrutar del agua incluyen:

- Labrador Retriever: son perros grandes y amigables que suelen disfrutar del agua y se adaptan bien a actividades acuáticas.
- Golden Retriever: son perros grandes y amigables que suelen disfrutar del agua y se adaptan bien a actividades acuáticas.
- Chesapeake Bay Retriever: son perros grandes y resistentes que suelen disfrutar del agua y se adaptan bien a actividades acuáticas.
- Portuguese Water Dog: son perros grandes y activos que suelen disfrutar del agua y se adaptan bien a actividades acuáticas.
- Standard Poodle: son perros elegantes y inteligentes que suelen disfrutar del agua y se adaptan bien a actividades acuáticas.

Si quieres introducir a tu perro en el agua, es importante hacerlo de forma gradual y cómoda para él. Puedes comenzar por acercarlo a la orilla de un lago o un río, y dejar que lo explore a su ritmo. Luego, puedes ofrecerle juguetes que sean seguros para usar en el agua, y animarlo a jugar y a bañarse en el agua. Si tu perro muestra miedo o rechazo al agua, es importante respetar sus límites y no forzarlo a entrar en el agua.

¿Cómo jugar con mi perro?

Existen muchas formas de jugar con un perro, y el tipo de juego que elijas dependerá de las preferencias y necesidades de tu perro. Algunas formas comunes de jugar con un perro incluyen:

- Juguetes: los perros disfrutan de jugar con juguetes, y existen una gran variedad de juguetes disponibles en tiendas especializadas. Puedes comprar juguetes que sean adecuados para el tamaño y edad de tu perro, y cambiar los juguetes regularmente para mantener su interés.
- Buscar: los perros disfrutan de buscar objetos ocultos, y puedes jugar con ellos escondiendo juguetes o recompensas en diferentes lugares de tu casa o jardín.
- Agua: si tu perro disfruta del agua, puedes jugar con él en la bañera o en una piscina. Asegúrate de usar juguetes que sean seguros para usar en el agua y que no se desintegren o se deshagan.
- Frisbee: si tu perro es activo y disfruta de correr y saltar, puedes jugar con él lanzándole un frisbee o un disco volador. Asegúrate de usar un frisbee que sea adecuado para el tamaño y edad de tu perro, y no lo lances demasiado alto para evitar que se lastime.

- Pelota: la mayoría de los perros disfrutan de jugar con una pelota, y puedes jugar con ellos lanzándoles una pelota y animándolos a traerla de vuelta. Asegúrate de usar una pelota que sea adecuada para el tamaño y edad de tu perro, y no la lances demasiado lejos para evitar que se lastime.

En general, es importante elegir juegos que sean seguros y adecuados para el tamaño y edad de tu perro, y evitar juegos que puedan lastimar o dañar a tu perro. También es importante recordar que el juego no debe usarse como castigo o forma de reprimenda, sino como una forma de fortalecer la relación entre tú y tu perro y de mantenerlo feliz y saludable.

Juegos de pelota

Los juegos de pelota con un perro pueden ser una forma divertida y saludable de interactuar con él. Algunas formas comunes de jugar con un perro usando una pelota incluyen:

- Lanzar la pelota: puedes jugar con tu perro lanzándole una pelota y animándolo a traerla de vuelta. Asegúrate de usar una pelota que sea adecuada para el tamaño y edad de tu perro, y no la lances demasiado lejos para evitar que se lastime.
- Esconder la pelota: puedes jugar con tu perro escondiendo la pelota en diferentes lugares de tu casa o jardín y animándolo a buscarla. Este juego ayuda a estimular su instinto de caza y a mantenerlo activo y divertido.
- Baloncesto para perros: puedes comprar o construir un aro de baloncesto para perros y jugar con tu perro lanzándole la pelota a través del aro. Este juego ayuda a desarrollar su habilidad para saltar y atrapar la pelota, y a mantenerlo activo y divertido.
- Juego de la pelota en el agua: si tu perro disfruta del agua, puedes jugar con él en la bañera o en una piscina lanzándole la pelota y animándolo a traerla de vuelta. Asegúrate de usar una pelota que sea segura para usar en el agua y que no se desintegre o se deshaga.

Mordedores para perro

Los mordedores son juguetes diseñados para que los perros los muerdan y chupen, y son una forma divertida y segura de mantener a tu perro entretenido y feliz. Algunos de los beneficios de utilizar mordedores para perros incluyen:

- Ayuda a mantener a tu perro entretenido: los mordedores son una forma divertida y segura de mantener a tu perro entretenido y feliz, especialmente si pasas mucho tiempo fuera de casa o si tu perro se aburre con facilidad.
- Evita que tu perro destruya objetos: los mordedores pueden ayudar a evitar que tu perro destruya objetos de la casa, como zapatos, muebles o juguetes, ya que le ofrecen una forma apropiada de morder y chupar.
- Promueve la salud dental: los mordedores pueden ayudar a mantener la salud dental de tu perro, ya que estimulan las encías y ayudan a eliminar la placa dental.
- Ayuda a reducir el estrés: los mordedores pueden ayudar a reducir el estrés y la ansiedad de tu perro, ya que le proporcionan una forma segura y saludable de liberar la tensión.

Hay muchos tipos diferentes de mordedores disponibles en el mercado, y es importante elegir uno que se ajuste a las necesidades y preferencias de tu perro. Algunos de los mordedores más populares para perros incluyen huesos, pelotas, cuerdas y juguetes con sonido. Es importante comprar mordedores de alta calidad y revisarlos regularmente para asegurarte de que estén en buenas condiciones y no presenten riesgos para tu perro.

Hacer ejercicio con un perro

Hacer ejercicio con un perro puede ser una forma divertida y saludable de interactuar con él y mantenerlo activo y en forma. Algunas formas comunes de hacer ejercicio con un perro incluyen:

- Caminar: puedes llevar a tu perro a caminar por tu barrio o un parque cercano, y explorar nuevos lugares juntos. Es importante asegurarse de que tu perro esté bien sujeto con una correa y que no se aleje demasiado de ti.
- Correr: si tu perro es activo y disfruta de correr, puedes llevarlo a correr contigo en un parque o una zona cercana. Asegúrate de ir a un ritmo adecuado para tu perro, y no lo empujes demasiado para evitar lesiones.
- Juegos de pelota: puedes jugar con tu perro lanzándole una pelota y animándolo a correr y saltar para atraparla. Este tipo de juego ayuda a desarrollar su habilidad para correr y saltar, y a mantenerlo activo y divertido.
- Nado: si tu perro disfruta del agua, puedes llevarlo a un lago o una piscina y permitirle nadar. Asegúrate de que tu perro sepa nadar y de que se sienta cómodo en el agua antes de dejarlo solo.
- Obediencia y entrenamiento: el entrenamiento y la obediencia pueden ser una forma divertida y saludable de

hacer ejercicio con tu perro. Puedes enseñarle nuevos trucos o ejercicios, y animarlo a seguir tus órdenes y a mantenerse activo y alerta.

En general, es importante elegir ejercicios que sean adecuados para el tamaño y edad de tu perro, y evitar ejercicios que puedan lastimar o dañar a tu perro. También, como con el juego, es importante recordar que el ejercicio no debe usarse como castigo o forma de reprimenda, sino como una forma de fortalecer la relación entre tú y tu perro y de mantenerlo saludable y feliz.

Educar a mi perro

Educar a tu perro es importante para asegurarte de que se comporte de forma adecuada y segura en diferentes situaciones. Puedes seguir estos pasos para educar a tu perro de forma adecuada:

1. Establece límites y normas claras: es importante establecer límites y normas claras para tu perro desde el principio, para que sepa qué se espera de él y qué no está permitido. Establece normas simples y concisas, y asegúrate de que todos los miembros de la familia las sigan para evitar confusión.

2. Utiliza el refuerzo positivo: el refuerzo positivo es una de las mejores formas de educar a tu perro, ya que le enseña a comportarse de forma adecuada y le recompensa por su buen comportamiento. Puedes utilizar recompensas como cariño, palabras de aliento o comida para reforzar comportamientos deseados.

3. Evita el castigo físico o verbal: el castigo físico o verbal no es una forma efectiva de educar a un perro, ya que puede causar miedo, inseguridad o agresividad. En lugar de castigar a tu perro, utiliza técnicas de refuerzo positivo para enseñarle comportamientos deseados y recompensarlo por su buen comportamiento.

4. Sé paciente y consistente: educar a un perro lleva tiempo y paciencia, y es importante ser consistente en tu enfoque y en tus normas. No te desanimes si tu perro no aprende de inmediato, y sigue trabajando con él de forma regular y constante para ayudarlo a aprender.
5. Consulta con un especialista: si tienes dificultades para educar a tu perro, es importante consultar con un especialista en comportamiento canino para obtener consejos y recomendaciones. Un especialista te ayudará a comprender a tu perro y a enseñarle de forma adecuada y efectiva.

Adiestrar a mi perro

Adiestrar a un perro es el proceso de enseñarle comportamientos deseados y corregir comportamientos indeseables. La adiestración es importante para ayudar a tu perro a ser un miembro feliz y saludable de la familia, y para evitar problemas de comportamiento en el futuro.

Para adiestrar a tu perro, puedes seguir estos pasos:

1. Elige un método de adiestramiento adecuado: hay muchos métodos de adiestramiento disponibles, y es importante elegir uno que se adapte a tu perro y a tus necesidades. Algunos métodos de adiestramiento populares incluyen el adiestramiento basado en recompensas, el adiestramiento basado en castigos y el adiestramiento basado en el clicker.

2. Asegúrate de tener tiempo y paciencia: el adiestramiento de un perro puede ser un proceso largo y desafiante, y es importante tener tiempo y paciencia para dedicarle. Adiestrar a un perro requiere consistencia y dedicación, y es importante ser paciente y no desanimarse si no se obtienen resultados inmediatos.

3. Empieza por los comandos básicos: cuando empieces a adiestrar a tu perro, es importante empezar por los comandos básicos, como sentarse, acostarse y venir. Estos comandos

son fáciles de enseñar y te permitirán comunicarte con tu perro de forma efectiva.

4. Utiliza recompensas y refuerzos positivos: cuando adiestres a tu perro, es importante utilizar recompensas y refuerzos positivos para incentivar comportamientos deseados. Puedes utilizar golosinas, juguetes o elogios para recompensar a tu perro cuando haga algo bien, y evitar castigos o reprimendas.
5. Sé constante y persistente: el adiestramiento de un perro puede ser un proceso largo y desafiante, y es importante ser constante y persistente. Asegúrate de practicar con tu perro regularmente y de mantener una actitud positiva y afectuosa durante el proceso de adiestramiento. Si tienes dificultades, puedes consultar al veterinario o a un adiestrador profesional para obtener ayuda.

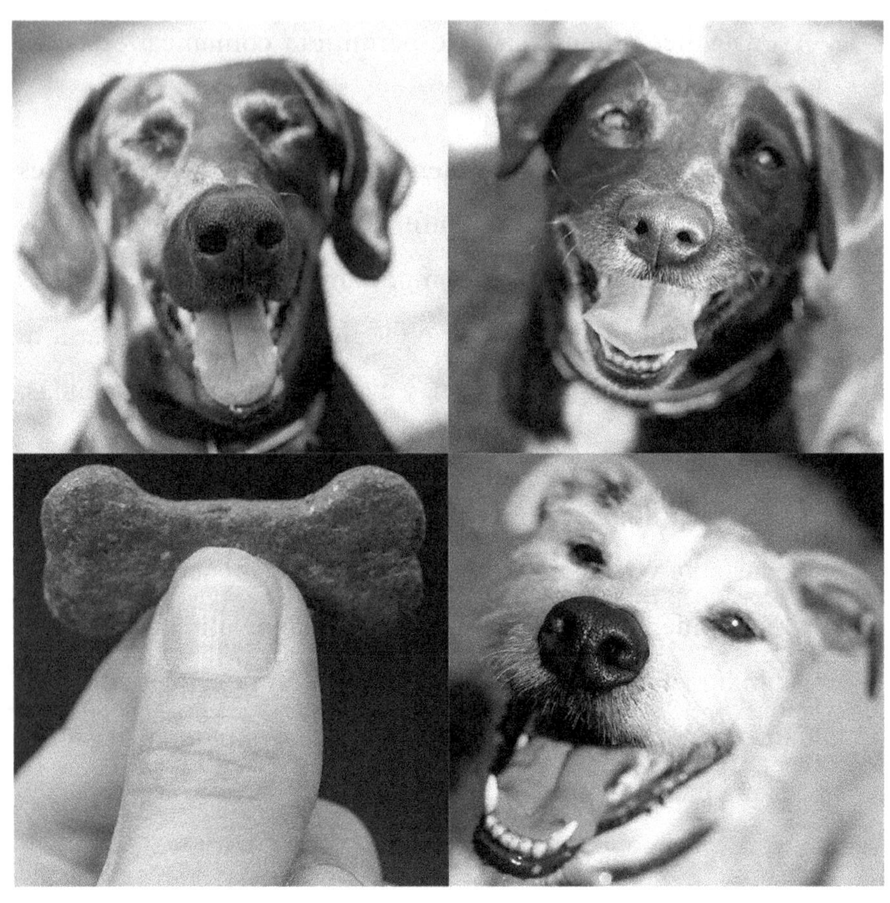

Llevar a mi perro a un adiestrador

Llevar a tu perro a un adiestrador puede ser una buena idea si tienes dificultades para adiestrarlo o si quieres enseñarle comportamientos más avanzados. Los adiestradores profesionales tienen experiencia en enseñar a los perros comportamientos deseados y corregir comportamientos indeseables, y pueden ayudarte a obtener resultados más rápidamente.

Para llevar a tu perro a un adiestrador, puedes seguir estos pasos:

1. Consulta al veterinario: es importante consultar al veterinario antes de llevar a tu perro a un adiestrador, ya que pueden recomendarte un adiestrador profesional cercano y adecuado para tu perro. El veterinario también puede examinar a tu perro para detectar si tiene problemas de comportamiento o problemas médicos que puedan afectar su capacidad de aprender.

2. Elige un adiestrador profesional: hay muchos adiestradores profesionales disponibles, y es importante elegir uno que tenga experiencia y credenciales adecuadas. Puedes buscar adiestradores profesionales en tu área a través de internet, directorios de profesionales de la salud animal o recomendaciones de otros dueños de perros.

3. Programa una consulta: cuando hayas elegido un adiestrador profesional, es importante programar una consulta para que

pueda evaluar a tu perro y recomendarte un plan de adiestramiento adecuado. La consulta suele incluir una evaluación del comportamiento y una discusión sobre tus objetivos de adiestramiento.

4. Sigue las recomendaciones del adiestrador: después de la consulta, el adiestrador te recomendará un plan de adiestramiento específico para tu perro. Es importante seguir las recomendaciones del adiestrador cuidadosamente y trabajar con tu perro regularmente para lograr los resultados deseados.

¿Y si se pierde?

Si tu perro se pierde, es importante actuar rápidamente para intentar recuperarlo. Si tu perro tiene chip, es fundamental que hayas actualizado la información de sus dueños, ya que esta información será clave para poder recuperarlo.

A continuación se detallan algunas acciones que puedes tomar si tu perro se pierde:

- Busca a tu perro: si tu perro se ha escapado de casa, busca en los alrededores y llama a su nombre. Si tienes una foto de tu perro, lleva una copia contigo para mostrarla a las personas que puedan haberlo visto.
- Comunica su pérdida: si tu perro se pierde, comunica su pérdida a las autoridades locales, a la protectora de animales más cercana y a las redes sociales. Puedes publicar un anuncio con una foto y la información del chip de tu perro para que pueda ser encontrado por quien lo haya visto.
- Ofrece una recompensa: si tu perro se pierde, puedes ofrecer una recompensa a quien lo encuentre y lo devuelva. Esto puede ser un incentivo para que alguien lo recoja y te lo devuelva.
- Revisa las perreras: si no logras encontrar a tu perro, visita las perreras más cercanas y pregunta si han recibido a un

perro que se asemeje a tu perro. Lleva una foto y la información del chip para verificar si es tu perro.

En resumen, si tu perro se pierde, es importante actuar rápidamente y buscarlo en los alrededores. Comunica su pérdida a las autoridades locales, a la protectora de animales y a las redes sociales, y ofrece una recompensa si es necesario. Revisa las perreras y lleva una foto y la información del chip para verificar si tu perro ha sido encontrado.

Llevar a mi perro al veterinario

Llevar a tu perro al veterinario es importante para mantenerlo sano y feliz, y para asegurarte de que recibe los cuidados adecuados. Puedes seguir estos pasos para llevar a tu perro al veterinario de forma adecuada:

1. Programa una cita: es importante programar una cita con tu veterinario para asegurarte de que pueda atender a tu perro de forma adecuada y sin demoras. Puedes hacerlo llamando a su consultorio o a través de su página web.

2. Prepárate para la cita: antes de llevar a tu perro al veterinario, es importante prepararse para la cita. Asegúrate de tener su historial médico y de vacunación actualizado, y de llevar cualquier medicamento o suplemento que esté tomando. También es importante llevar una muestra de su orina o de sus heces si el veterinario lo solicita.

3. Lleva a tu perro al veterinario: el día de la cita, es importante llevar a tu perro al veterinario de forma tranquila y cómoda. Puedes usar una correa o un arnés para guiarlo y mantenerlo seguro, y evitar lugares ruidosos o concurridos que puedan estresarlo.

4. Sigue las instrucciones del veterinario: durante la cita, es importante seguir las instrucciones del veterinario para asegurarte de que tu perro recibe los cuidados adecuados. Si

el veterinario te receta algún medicamento o te da instrucciones específicas, es importante seguirlas de forma rigurosa para asegurarte de que tu perro se recupere y se mantenga saludable.

5. Programa una cita de seguimiento: para programar una cita de seguimiento, es importante contactar al veterinario que atendió a tu perro en su visita inicial. Puedes hacerlo por teléfono o en línea, y asegúrate de proporcionar toda la información necesaria, como el nombre y la edad de tu perro.

Las enfermedades caninas más comunes incluyen:

1. Parvovirus: es una enfermedad viral que afecta principalmente a perros jóvenes y no vacunados, y puede causar síntomas como diarrea grave, vómitos y fiebre.
2. Coronavirus: es una enfermedad viral que afecta principalmente a perros jóvenes y no vacunados, y puede causar síntomas como diarrea grave, vómitos y fiebre.
3. Distemper: es una enfermedad viral que afecta principalmente a perros jóvenes y no vacunados, y puede causar síntomas como tos, fiebre, conjuntivitis y parálisis.
4. Leptospirosis: es una enfermedad bacteriana que se transmite a través del agua contaminada y puede causar síntomas como fiebre, dificultad para respirar, debilidad y pérdida de apetito.
5. Rabia: es una enfermedad viral que se transmite a través de mordeduras de animales infectados y puede causar síntomas como fiebre, debilidad, cambios en el comportamiento y parálisis.
6. Enfermedades respiratorias: las enfermedades respiratorias son infecciones del sistema respiratorio, como la bronquitis o la neumonía, y pueden ser causadas por virus o bacterias.

Los síntomas incluyen tos, dificultad para respirar y falta de energía.

7. Enfermedades digestivas: las enfermedades digestivas son problemas del sistema digestivo, como la diarrea, el vómito o la pancreatitis, y pueden ser causadas por una mala alimentación, infecciones o envenenamiento. Los síntomas incluyen diarrea, vómito y pérdida de apetito.
8. Enfermedades del corazón: las enfermedades del corazón son problemas del sistema cardiovascular, como la insuficiencia cardíaca o la enfermedad de las válvulas cardíacas, y pueden ser causadas por envejecimiento, genética o enfermedades previas. Los síntomas incluyen dificultad para respirar, cansancio y tos.
9. Enfermedades de la piel: las enfermedades de la piel son problemas de la piel, como la dermatitis, la alergia o la sarna, y pueden ser causadas por infecciones, parásitos o enfermedades sistémicas. Los síntomas incluyen piel roja, irritada o con costras, picazón y caída del pelo.
10. Enfermedades del sistema urinario: Las enfermedades del sistema urinario del perro son problemas del sistema urinario, como la infección de las vías urinarias o la disfunción renal, y pueden ser causadas por infecciones, obstrucciones o enfermedades sistémicas. Los síntomas

incluyen aumento de la frecuencia urinaria, dolor al orinar, hematuria (sangre en la orina) y oliguria (poca cantidad de orina). Las enfermedades del sistema urinario son más comunes en perros mayores o en razas predispuestas, como los perros pequeños o los perros con problemas de obesidad. Es importante llevar a tu perro al veterinario si sospechas que puede tener una enfermedad del sistema urinario, ya que pueden causar daños irreversibles si no se tratan adecuadamente. El veterinario puede realizar pruebas de laboratorio y tratamientos específicos para tratar las enfermedades del sistema urinario y mantener a tu perro en buena salud.

Es importante llevar a tu perro al veterinario regularmente para prevenir y detectar enfermedades temprano, y mantenerlo vacunado según las recomendaciones de tu veterinario.

La tos de las perreras

La tos de las perreras es una enfermedad respiratoria causada por una infección viral o bacteriana, y es más común en perros que viven en lugares cerrados o hacinados, como refugios o perreras. Los síntomas incluyen tos persistente, dificultad para respirar y falta de energía.

La tos de las perreras puede ser grave y puede afectar a perros de cualquier edad o raza. Es importante llevar a tu perro al veterinario si sospechas que puede tener la tos de las perreras, ya que puede ser contagiosa y puede causar daños irreversibles en el sistema respiratorio si no se trata adecuadamente. El veterinario puede realizar pruebas de laboratorio y recetar medicamentos específicos para tratar la tos de las perreras y mantener a tu perro en buena salud.

Desparasitar a mi perro

Desparasitar a tu perro es importante para mantenerlo en buena salud y prevenir problemas de salud futuros. La desparasitación periódica de perro es el proceso de eliminar parásitos externos e internos del cuerpo de un perro, como pulgas, garrapatas, lombrices o gusanos. Es importante para mantener a tu perro en buena salud y prevenir problemas de salud futuros.

La desparasitación periódica debe realizarse según lo recomendado por el veterinario, que puede variar en función de la edad, la raza y el estilo de vida de tu perro. Los perros más jóvenes o que viven en exteriores suelen requerir desparasitación más frecuente que los perros mayores o que viven en interiores.

Puedes seguir estos pasos para desparasitar a tu perro de forma adecuada:

1. Consulta al veterinario: es importante consultar al veterinario antes de desparasitar a tu perro, ya que pueden recomendarte el tipo de producto y la frecuencia adecuados para tu perro. El veterinario también puede examinar a tu perro para detectar si tiene parásitos y recetar tratamientos específicos si es necesario.

2. Elige un producto de alta calidad: hay muchos productos disponibles para desparasitar a los perros, como pastillas, pipetas o collares, y es importante elegir uno de alta calidad

y eficacia. Asegúrate de leer las instrucciones y las advertencias del producto, y de seguirlas cuidadosamente.

3. Sigue las instrucciones del producto: cuando desparasites a tu perro, es importante seguir las instrucciones del producto cuidadosamente. Puedes administrar el producto por vía oral, en la piel o en el pelo, y asegúrate de seguir las instrucciones de dosificación y frecuencia.
4. Supervisa a tu perro después del tratamiento: después de desparasitar a tu perro, es importante supervisarlo durante las primeras horas para asegurarte de que no presente reacciones adversas. Puedes contactar al veterinario si tu perro tiene síntomas como vómito, diarrea o dificultad para respirar.

Bañar al perro

Bañar a un perro puede ser una tarea complicada, pero es muy importante para mantenerlo saludable y feliz. A continuación se detallan algunos consejos para bañar a tu perro de manera segura y eficiente:

1. Prepara todo lo necesario antes de comenzar: antes de bañar a tu perro, asegúrate de tener todo lo que necesitas a mano: champú especial para perros, toalla, peine, secador de pelo (si es necesario) y una toalla grande para cubrirlo después del baño.

2. Lleva a tu perro a un lugar cómodo: elige un lugar cómodo y seguro para bañar a tu perro, como una bañera o una ducha. Asegúrate de que el agua esté a una temperatura agradable y no demasiado fría ni demasiado caliente.

3. Moja suavemente al perro: usa una manguera o una cubeta para mojar suavemente a tu perro, empezando por la cabeza y trabajando hacia abajo. Asegúrate de que el agua no entre en sus oídos ni en su nariz, y evita que le entre agua en los ojos.

4. Aplica el champú: aplica el champú especial para perros en el cuerpo de tu perro, masajeando suavemente para que se distribuya bien. Asegúrate de cubrir todo su cuerpo y de

dejarlo actuar durante unos minutos para que pueda hacer efecto.

5. Enjuaga bien a tu perro: enjuaga bien a tu perro para eliminar todo el champú y evitar que se le reseque la piel. Usa agua tibia y enjuaga suavemente, asegurándote de que no quede ningún residuo de champú en su pelo.
6. Seca a tu perro con cuidado: después de enjuagar a tu perro, seca su pelo con una toalla y, si es necesario, usa un secador de pelo a baja velocidad y temperatura para eliminar el exceso de humedad. Asegúrate de cubrirlo con una toalla grande para mantenerlo caliente y cómodo.

Bañar a tu perro de manera regular es una forma importante de mantenerlo saludable y feliz. Si sigue estos consejos, podrás bañar a tu perro de manera segura y eficiente.

Y lo más importante…

Disfruta con tu perro

Los perros son animales leales y cariñosos que pueden hacerte sentir más feliz y saludable. Si tienes un perro en casa, hay muchas formas en las que puedes disfrutar juntos y fortalecer vuestro vínculo.

Unos últimos consejos para que disfrutes con tu perro:

- Sal a caminar juntos: salir a caminar juntos es una forma fácil y saludable de disfrutar con tu perro. Además de hacer ejercicio, puedes jugar con él, darle premios y hacerle compañía. Si vives en una zona con parques o caminos, puedes llevar a tu perro a explorar y conocer nuevos lugares.
- Juega con él: los perros son animales muy juguetones y les encanta jugar. Puedes comprarles juguetes especiales para perros o hacerles juguetes caseros con objetos que tengas en casa. Además de divertirse, jugar con tu perro puede ayudarle a mantenerse feliz y saludable.
- Enséñale trucos: los perros son animales muy inteligentes y pueden aprender diferentes trucos. Puedes enseñarle a sentarse, a dar la pata o a dar la vuelta. Además de divertirse, enseñarle trucos a tu perro puede ayudarle a desarrollar su cerebro y a mejorar su comportamiento.
- Lleva a tu perro a lugares sociales: los perros son animales sociales que disfrutan de estar con otros perros y personas.

Puedes llevar a tu perro a lugares sociales como parques caninos o tiendas para perros, donde pueda interactuar con otros perros y conocer nuevos amigos.

En resumen, disfrutar con tu perro puede ser muy divertido y beneficioso para ambos. Sal a caminar juntos, juega con él, enséñale trucos y lleva a tu perro a lugares sociales para que pueda interactuar con otros perros y personas. De esta forma, fortalecerás vuestro vínculo y te asegurarás de que tu perro esté feliz y saludable.

www.ingramcontent.com/pod-product-compliance
Lightning Source LLC
LaVergne TN
LVHW050600160826
845677LV00011B/2386

9798366912839